LA ALCOBA DEL VIENTO

IGNACIO SANTOS CARRASCO

LA ALCOBA DEL VIENTO

EXLIBRIC

ANTEQUERA 2022

LA ALCOBA DEL VIENTO
© Ignacio Santos Carrasco
Diseño de portada: Dpto. de Diseño Gráfico Exlibric

Iª edición

© ExLibric, 2022.

Editado por: ExLibric
c/ Cueva de Viera, 2, Local 3
Centro Negocios CADI
29200 Antequera (Málaga)
Teléfono: 952 70 60 04
Fax: 952 84 55 03
Correo electrónico: exlibric@exlibric.com
Internet: www.exlibric.com

Reservados todos los derechos de publicación en cualquier idioma.

Según el Código Penal vigente ninguna parte de este o
cualquier otro libro puede ser reproducida, grabada en alguno
de los sistemas de almacenamiento existentes o transmitida
por cualquier procedimiento, ya sea electrónico, mecánico,
reprográfico, magnético o cualquier otro, sin autorización
previa y por escrito de EXLIBRIC;
su contenido está protegido por la Ley vigente que establece
penas de prisión y/o multas a quienes intencionadamente
reprodujeren o plagiaren, en todo o en parte, una obra literaria,
artística o científica.

ISBN: 978-84-19269-20-1
Depósito Legal: MA 593-2022

Nota de la editorial: ExLibric pertenece a Innovación y Cualificación S. L.

IGNACIO SANTOS CARRASCO

LA ALCOBA DEL VIENTO

POEMAS

A mis hijas Paola y Leticia,
a los soles que irradian sus vidas
y proyectan sus cálidos reflejos en nosotros.

Introducción

Pensábamos que podríamos seguir de forma indefinida poniendo el objetivo en rumbos inabarcables. La fugacidad y la inmediatez nos arrastraba. Llegado el momento, nos haría casi inviolables. La existencia era un reto y, como tal, cuanto abrazábamos creímos duraría para siempre. Andábamos envueltos en un monólogo de insatisfacciones y la lucha impenitente por atraparlas.

De súbito nos hemos visto obligados a emprender un nuevo viaje, aunque increíble, real. Una experiencia de vida en la que aparecen viejos y conocidos protagonistas. Deambulamos entre dudas, esquivamos el miedo, la inseguridad nos asalta, la esperanza y el amor se debaten en heridos atardeceres ante la incertidumbre. Personajes todos ellos que, aunque nunca nos habían abandonado, ahora precisaban exquisita sutura. La ocasión luce trágicas vestimentas.

No se trata de un lamento, ni un canto de pérdida, sino de una reflexión en relación al antagonismo en que nos vemos envuelto; de la plenitud y libertad más absoluta a la constricción de las tentaciones más sutiles.

La alcoba del viento es una inmersión sensorial, una mirada íntima, un confidente monólogo con la vida, con nuestro mundo. El tiempo, la niñez, la memoria, el amor… todo cuanto diga algo de ti, te hable, te invite a mirar hacia dentro y verte. Busca tu reflejo, el reflejo más fiel, tal vez olvidado por el activismo frenético que nos posee y propone alejarse del ensimismamiento, así como arriar la bandera del yo. Es un tránsito por las emociones rompiendo los límites físicos para a través de los sentidos explorar tu alrededor. Una travesía en la que traspasar las zonas umbrosas de nuestro interior.

Cualquier hecho puede ser elevado a poesía. Ir más allá de lo percibido a simple vista es la pretensión, adentrarse en las percepciones, las emociones… como medio de abordar el tesoro que en sí mismas alojan.

La poesía es llama y ceniza, tiene la extraordinaria virtud de llegar cuando más lo necesitas. Es como una extensión de la propia vida, actuando como un antídoto mágico frente a los estados de ánimo, acude a socorrerlos, actúa de refugio. Es terapéutica.

La relación de la poesía con la vida es tan intensa que no basta con la inspiración, precisa tomar conciencia de las exigencias de cada momento para establecer un diálogo mutuo con la realidad. La desnudez interior, a veces triste y desgarrada, frente a otras de intensa luz y color, de una belleza intimista.

La alcoba del viento propone, como el mar con su infinitud y trascendencia, penetrar en la tensión que soporta lo cotidiano, sin dejarse llevar por exigencias extremas de las formas. Nos lleva de la mano por cuanto nos acontece, lo que amamos, nos duele, añoramos.

Las palabras se van dotando de un peso esencial, apoyándose en la capacidad de evocación que tienen ante pequeños gestos o como puntal y soporte de la desesperación. Los versos rivalizan en feroces luchas o efímeras tormentas, como una conspiración de la invisibilidad de todos nuestros yos, sus sombras, sus límites… a la búsqueda del equilibrio entre lo sencillo y lo elaborado, sorprender y atrapar con pictóricos matices.

Es una ventana a la vida. Salpicados elementos autobiográficos nos trasladan una perspectiva humana desde la infancia —desprotegida ante los miedos— hasta la incertidumbre del ocaso vital, profundizando en efervescentes conflictos entre vivencias y deseos.

Con emoción contenida nos traslada desde la búsqueda de la identidad, «huía de mi yo incomprendido», al naufragio de la utopía del amor, «inflamadas tu piel y mi piel»; desde los miedos a ignotos horizontes, «a mi regazo lo sentí jornalero del miedo», a la certeza de prostituidos ídolos, «no conozco héroes sin dolor».

Entre susurros confidentes eleva los sentimientos más íntimos al gozo esperanzado, quebranto y dolor de nuestras vidas. A través de la palabra busca la dignidad de los que han perdido todo en un intento de vivificar el ser.

Atomiza el interior, como el de todos aquellos que, tras los cristales, deambulan para unir dos mundos antagónicos, tan reales como próximos al que hemos sido abocados, con la intención de salir al encuentro de la identidad, el afecto, el mejor yo. Es el conflicto entre lo deseado y lo real, una búsqueda de la conciencia a la que estás invitado.

El autor

Somos nuestra memoria,
somos ese quimérico museo de formas inconstantes,
ese montón de espejos rotos.

Jorge Luis Borges

I. Travesía

Nuestro rumbo a veces colapsa. A pesar de la firmeza con la que sujetemos el timón, serán los vientos quienes marcarán nuestra derrota.

MOSCAS

¡Infinita quietud!

El muelle, hoy en recogida duermevela,
engendra un quebradizo silencio,
solo el aire azota las velas.

Revolotean las moscas,
un enjambre se apodera de nasas y redes,
hurgan en sus hilos desnudos
restos de lamento y mortaja.

Un gemido se escapa y trepa,
sobre la escollera se alza,
ansía contener la mar, amansar la fiera.

Hoy de nuevo su jornal cobró
el luto lo puso en la tierra.
Profunda quietud en el muelle.

¡Tan solo las moscas celebran!

NIÑEZ

Como la lluvia se desliza en el cristal,
transparente e inquieta fluía la niñez.
La razón aún forjándose
en el horno de la inconsciencia
y los sueños cometas surcando los cielos.

El miedo a ignotos horizontes
preñaba nuestras mentes de sombras,
de pecados imaginarios
surgidos en la penumbra de las velas,
gigantes dentro de armario frágil
constreñían aquel despertar.

Mientras, crecíamos inmersos
en una tormenta de indecisiones
que escapaban a nuestro parco cuerpo
en tan escueto escenario.

P. DE V.

Entre finas líneas inquirimos
cuanto deslizamos entre los labios
amalgama inconexa de palabras
que no ofrece promesas de floración.

Consume el verbo fácil,
con frecuencia sancionamos sin filtro
ayudando a prender hogueras
que sin control diluyen los vínculos.
¡Semilla de triste siembra!
Cómo contener esos impulsos.

Es preciso encauzar los ímpetus,
sofocar desafíos sin rival determinado,
no esquilmar afectos
que a no tardar destile dolor su ausencia.

Solemne resiste en la orilla del río el sauce
los embates de aguas bravas.
Durante el estío calma su sed en templada espera,
en ella soporta enhiesto, silente.
De ellas también se nutre.

ARREBATADA

Expuesta a la desnudez
de sentir el vacío de la dignidad perdida,
la precoz primavera expoliada
—pincelada mi piel en púrpura—,
arrojada a jardines marchitos.

Se cierne en mí una inquieta opacidad.
Recelo al reconocer ante el espejo
el miedo esculpido en este rostro ajado,
aterido de frío por el qué dirán
y esclava de una tristeza que no es mía.

No deseo heroica resistencia,
ni ser presa de voraces colmillos del común
que perpetúen en mí los lutos.
Tan solo ser yo.
¡Ser libre!
Solo volar, si es posible.

INVITADO

No soportes sobre tus hombros
templos de itinerantes peregrinos.
No busques refugios en pozos que no fluyen.
Levanta los cimientos de tu hogar,
hazlo dentro de ti.

No esperes que florezcan efímeros amores
en el vértigo de una noche almidonada.
No alojes en tus entrañas fragancias sin aromas
si no han regado en tu alma sus raíces.

¡Acógete!
Busca lazos que armonicen cuerpo y mente,
anúdalos y constrúyete desde dentro.

Y si así no fuese,
recuerda que es tuyo el templo que acoge,
que a tu espalda no aniden delirios.
Adviértele que tan solo es un invitado.

ESTA MADRUGADA

Y cuanto de mi amor puedas, memoria,
cuanto puedas, tráemelo esta noche.
C. Cavafis

Esta madrugada sin luna
y amaneceres velados de preñadas nubes,
me acoges entre embelesos.
Me refugio en tu mirada
mientras te acunas en mi espalda.

Sonámbula   insomne   fija,
muy fija te quedas   casi exhausta,
suenan redobles de tambores en mi pecho,
fundida quedo en tu fragua.

Inflamadas tu piel y mi piel
diluidas ya las escarchas
cuencas de desbocados arroyos
discurren bajo las sábanas.

Un gemido escapa de mi garganta.
Que no cese esta madrugada sin luna,
que no se abra aún la mañana.

Cuánto bulle por mi mente
en esta noche apagada.
De nuevo visitas este enclaustrado púlpito,
enardecida tienes mi calma.

Paseaste entre las grietas del deseo,
escalaste una alta muralla.
Hoy celebro esta noche sin luna.
A este alba le pido que siga apagada.

FRENTE A FRENTE

Oigo bajo mis pies
el crujir de la arena del camino.
Me ayuda,
restaña las heridas de una fuga transversal
en la que no solo hui de inciertas angustias.

Hui de mi yo incomprendido.
Me chirriaban los momentos de súbitos letargos,
mis pasos esquivos por sendas sin destino
en las que no avisté más que furtivos proyectos.

Hoy puedo oírme.
Celebro haber abandonado aquel marasmo
y borrar la transversalidad de mis males.
Busco en mi despertar
una solución más humana que tangencial
para hacer frente a mis miedos.

ALBOROZO

Esta mañana un abrazo de luz me acoge,
se acompaña de sonata párvula.
Alborotados trinos arrancan al naranjo
recuerdos de una primavera olvidada.

Rescatan, con aromas de azahar,
a los corazones de sus silencios,
dotándolos de un alfabeto colorido
en sus ágiles y rítmicos vuelos,
con mensajes sobre infinitos azules
y aires de esperanza.

DILUIDA ALQUIMIA

21 de octubre 1983

Me refugio en el regazo de mis deseos,
en él emprendo un viaje
bajo el viento azul de la noche.
En complaciente silencio diviso tus facciones
y quedo secuestrado en arrogante primavera.

Atesoras esperanzas.
Bajo la tersa piel de un común engendrado
hay sueños que parecen alientos del alma
y vidas que con hilos de plata se enhebran.

Al calor de tan desvaída luz,
mi tacto intacto —bajo las cálidas sábanas—
acaricia tu idealizado contorno,
en tanto emergen en tus ojos furtivas lágrimas.

Desvanecido el idilio,
diluida queda, infructuosa alquimia.

DE PIEDRA EN PIEDRA

Hay que esperar cuando se está desesperado,
y andar cuando se espera.
G. Flaubert

He de reconocer que soy un experto.
A pesar de mi edad, transito los treinta,
puedo considerarme. No es vanidad.

Hasta hace poco
apenas nada me había preocupado.
Nunca me retrajo la pegajosa lluvia
ni me heló la sangre el frío
cuando el crudo invierno llamó a mi puerta.
Tampoco la desnudez de las calles
que ahora toca,
ni el silbido desolador de este viento
que alargado mayea.

Me preocupa que en tan solo diez años
he vivido dos crisis y empiezo a preguntarme
cuántas me tiene reservada la vida.

He visto diluirse entre mis dedos los proyectos
y he tratado de arrancar al desespero
los sueños privados de color.

He sobrevivido a la brega de días ingratos,
llamando a timbres secos que no suenan.

De nuevo una larga noche.
La incertidumbre pretende hacer estragos
por no saber qué hacer con mi tiempo.
Mis manos vacías me arañan las tripas
en este erial en que estoy varado.

Esta noche de desvelos augura momentos
que ni los fantasmas querrán flores.
A mi regazo lo siento jornalero del miedo
y de nuevo me pregunto qué hacer.

Renuncio a depender de migajas.
No quiero ser leño de agotada fragua
ni barajar la tormenta de mi propio crepúsculo.
Creí que era experto y compruebo que lo soy,
aunque tan solo en crisis.

De mi futuro, el prometido, el labrado, el predicado…
Aquí estoy frente a mi yo reinventado,
he de encaminar mis dudas hacia otros horizontes,
escapar de la guadaña.
Mejor muerto a verme mutilado cada día.

¿Tendrán para entonces pilas los timbres?

NUEVO INTRUSO

Siento que penetro en un espacio
que no me corresponde.
Parezco un intruso en confinada atalaya
que trasciende muros que se volatizan,
hurgando con perdida mirada
a una feligresía ausente,
en fuga sobre un asfalto huérfano.

Deslizo mi vista sobre un horizonte inerte.
No veo pájaros, otros cielos los reclamaron.
Tan solo la luz busca penetrar
antesalas de recogimientos agazapados.

No huele a flores, no se enteró la primavera,
no percibo más que silencios prendidos,
golpes de vista entrecruzados en la distancia.
Preocupados.

Se oyen voces entrecortadas,
hablan sin fluido entendimiento
y manejan discursos indiferentes, de trámite.
Necesitan sentirse cercanos,
como viajeros de extraviados rumbos.

PINCELES DEL ESTÍO

Si pudiera esquivar los lapsus de inquietud
que soporta el caminante,
cuando en la encrucijada de las calles
la indecisa memoria entre susurros
le refiere a un inquietante laberinto,
tan sencillo a la vez que infranqueable.

Un todo idéntico, un mudo mural,
sin distingos, sin sugerencias de claves.

Incendios de claroscuros en los péndulos del tiempo,
barridos por los pinceles del estío,
le confunden y envuelven en la nebulosa
de una calle cualquiera.

Tal vez su propia calle.

NO TE RECUERDO

Desperezo tras una noche
en la que incendié mi consistencia.
Precisaba pisar tras aquella línea,
en la que el tiempo discurre incontinente
y el elixir del alcohol te traslada
a un universo desenfocado.
La ingravidez como estado me alejaba de mi cosmos.
Necesitaba atenuar mi dolor
y alejarme de los tonos pardos.

Envuelta en mi soledad
vagué en la abarrotada pista.
Mi indiferencia requería que aquella cálida marea
modulara el frío que me penetraba.
Creí naufragar en un océano de algarabía
que no gobernaba.
Percibí en mi piel tu calidez,
y sin saber por qué atendí tu mano tendida,
cuando en mi deriva surgiste al rescate.

Pudiste hacer castillos en mi seno
y colgar pendones que me hicieran sentir imperfecta
cuando apenas reglaba mi destino.
Viste que no era yo
quien habitaba aquel espacio y tiempo,
aquel falseado éxtasis desafiaba la gravedad
y la verticalidad de la coherencia.

Te agradezco que pusieras en hora mi reloj
y me arrancaras del sopor que creí beber.
En mi boca no cabe tal infierno.

No puedo poner cara al momento,
aunque sí agradecerte
que pudiendo haber volado en mis adentros,
te quedaras asomado a la ventana de tu cielo.

Me pregunto de qué color es tu cielo.

Sin ritmo

Acodada en su ventana,
la vida cotejada en la retina,
huérfano el asfalto de sus desfiles
no gasta ya las suelas de sus zapatos.

Contempla itinerarios imaginados
de famélicos desconocidos
que a diario, como figurantes en silencio,
transitan bajo su ventana.

Transcurren los días, marchitado su ciclo vital.
Desde su atalaya, náufrago de ausencias,
a la espera de auspiciada gloria
que acoja su desvaída mirada.

Impasible, de nuevo se hace la noche.

A LA LUZ DE LA FAROLA

Osada desnudez.
La frívola y precaria indumentaria
apenas cubre su esbelto cuerpo.
Entre las sombras, brillos de piel bien hidratada
bajo la tenue luz de la farola.
Ahogada por la necesidad,
precisa relucir bajo intensa penumbra,
donde errantes desconocidos
—huérfanos de alma y alivio—
esquivos solicitan saciar su fuego.

Anclados sus amores,
las pasiones arremangadas,
se debate entre la necesidad
y odiar tan insondables tentaciones.
Amargor en su entrega.
Hielo en el corazón, rigidez en su cuerpo.
Inundada por la intranquilidad de quién será,
qué busca o qué trato le dispensa.

Ya está alta la luna,
los efluvios apagados y huérfanas las demandas.
Tras denso matorral, que oficia de vetusto armario,
recompone su figura de madre abnegada.

La dignidad en el bolso junto a la escueta paga.
El miedo arrinconado, durmiente hasta otra jornada.
La vida sigue girando como carrusel sin pausa.

De regreso al calor del hogar,
trascendida la madrugada,
un escorzo, unas caricias, unos besos,
unas lágrimas descabalgan sus mejillas.
Agonía en la esquina de su cama.

NO CAIGAS

No caigas en pozos irredentos de tristezas,
ni te aflijas con dolencias fingidas
que devasten la templanza
o inciten a la debilidad de caer
en pegajosas envolturas de unos males
que no son otros, sino la huella del tiempo.

Igual que las olas acompasan las arenas,
resiste los embates del pesimismo,
adáptate a sus acometidas
no te aferres a vanas corrientes.

Grita libre por cuanto tienes
por lo que hoy hay en ti
por quien te acompaña
y abraza la esperanza que nunca lastima.

AÚN ES TIEMPO

No tengo certeza de cuánto se tarda
en reconocer los síntomas del desamor.
Tras una mirada,
lo que en un momento fue ignorado,
pasado el tiempo resulta más fácil identificarlo.

No percibí que tus nudos me sujetaran.
No me di cuenta que tus manos
no se ajustaban a mi cintura
o cómo discurrían anquilosadas mis ilusiones
poco antes bulliciosas.
Que la presión de mi pecho dejó de acompasar
el tictac del reloj,
o cómo quedaba atrapada en una ciénaga
al correr hacia ti,
o cuánto me costaba deslizar los pies en solitarios bailes
con tan solo imaginarte.

Que el otoño se había anticipado a mi primavera
y precipitada perdía las hojas del calendario;
que mi asfixia no era alergia,
sino necesidad de renovar el aire ya muy pesado.

A pesar de todo, no renuncio a beber tu agua, tu luz.
Prefiero no ocultarlo, te reclamo.
Necesito tenerte cerca, tocarte

y, en lo posible, abrazarte,
aunque mi simetría quede dislocada.

Quiero mirarte frente a frente,
no te sientas culpable.
Dibujaste en mí más ilusiones de las que borraste,
diluiste la herrumbre que bloqueaba mis emociones
y me enseñaste el vuelo libre.
Diste color a una impetuosa travesura
cuando los grises se apropiaron de mi lucidez
y me colonizaba la abulia.
Libraste de ataduras mis principios
y me asomaste al vértigo de la transgresión.

Todo esto no lo percibía.
Tan solo busqué en las sombras de la insatisfacción,
en los cánones sin rigor
y me convertí en mi propio crepúsculo.
Hoy mi pecho va entramando otro tejido.
He dejado la ventana abierta
a la espera de un nuevo amanecer.
Y si decides volver, la puerta encajada.

VIVIR A PLAZOS

Me rompió el vivir a plazos,
la inseguridad de no poder sellar tu boca,
el estar escondido tras las cortinas
o el hedor de las vidas perdidas.

Me rompió la desnudez de mis calles,
el vivir al otro lado de la muralla,
ver la inquietud en tus ojos
y la ausencia de verdad que nos hospeda.

Me rompió la estructura de mi cuerpo,
la abstinencia de poner a cabalgar mi espíritu,
los límites que ofrece mi alcoba
y la longitud del pasillo que me escolta.

Me rompió, y apenas he podido recomponer,
la concentración que me ofrecía el surtidor de la fuente,
el canto del pájaro en sus inquietos vuelos,
mi lectura como huésped
de un banco cualquiera de mi alameda.

Me rompió, en infinitos trozos,
percibir mi propia fragilidad.

SIN TI QUÉ...

Sólo alcanza, con su vencida mirada,
seguir los equilibrios del gorrión en el naranjo,
sus cantos y saltos de rama en rama
ante los despeñados guijarros de lucidez.

Desde la ventana ella lo observa,
con su mirada lo arrulla,
le sobrevuelan escenas rescatadas
de un rumbo compartido
que el quebranto del tiempo
ha esquilmado.

Se acerca, le besa en la mejilla,
descabalgan dos lágrimas
sobre su escueta sonrisa en aura de calma.

Él le susurra: «¡El gorrión canta y salta!».
Ella asiente, lo mira fija y exclama:
«¡Espina, qué bien clavada!».

II. Viento del norte

*Tu presión constriñe el pulso, altera la respiración
y mitiga la esperanza.*

VIENTO DEL NORTE

Cambiaría mis arrugas por tu silencio,
mi experiencia por tu osadía,
mis vivencias por tus banalidades,
mi sufrimiento por tu disfrute,
mi lucha por hacer realidad este mundo
por tu funcionalidad
y mis miedos por algo más de dignidad.

Todo ello cambiaría
porque los vientos del norte
no arropen sones de mortaja,
no excluyan del derecho a la vida
tan solo por ser mayores.

Cambiaría mis años
por ver aflorar la humanidad en ti,
viento del norte.
Y para cuando la escarcha cubra tus sienes,
el camino te sea más pesado
y el horizonte se estreche,
te acuerdes de mí.

El sigilo de las palabras

Mi mejor compañera
en las insomnes madrugadas.
Cuando el silencio
descorre la más extensa negritud,
con un cordón de mudas palabras
me ato a la tronera de los relámpagos
que encienden dentro de mí
un ajuar invisible de dudas.

Con ellas tejo, en vertiginoso reposo,
—en ausencia de luna y estrellas—
un universo alado que sobrevuela mi cabeza.
Como agua de luz acompañan mi peregrinar,
me iluminan, me estremezco.

Cavilo, ajustado a la desnudez de mi cuerpo,
y en solitario baile sin partitura
danzo remendando mis tristezas.
Reconfortado, me digo:
«Este crepúsculo
ya no será el final de mi camino».

OTRA PESADA MAÑANA

De nuevo un día más.
Otro amanecer de párpados plomizos,
de noche en vela y la vista clavada en la ventana.
Como un adicto refugiado en tu figura
desfallezco ante el persistente insomnio.

Una a una he contado las horas.
Como terca gotera han resonado en mi cabeza,
inmóvil, a oscuras, como un preso en su celda,
permanezco abandonado a tus recuerdos.

He paseado en la penumbra los juegos,
las caricias, los encuentros.
He tiritado con tu ausencia, exaltado al ver tu cuerpo
sin forma, desenfocado.
Una pesada piedra me ha parecido este descuadre.

De nuevo un día más.
No hicieron efecto las píldoras.
Traspasas los umbrales de mi escuálida defensa.
Bloqueas los somníferos y te apoderas de mí.

Deambulo por la casa
mientras suena una radio que no oigo,
me dice que no estoy solo
y sigo con el trasiego de mis recuerdos,
que no son más que mi vida.

Te fuiste demasiado pronto.

HE VISTO

Anda huérfano el asfalto,
la ciudad está envuelta en un desperezo continuo,
nulo reflejo de vida aparenta.

Sin tráfico, ausentes los humanos,
las palomas y los gorriones en traviesos vuelos
se han apropiado de la plaza.

Desde mi ventana no hubiera imaginado ver:
    dos chicas haciendo gimnasia;
    un señor en su maratón de azotea
    sorteando cordeles de velas henchidas;
    el arrullo sin miedo de dos enamorados;
    una señora apoyada en la ventana
    aireando su soledad;
    un anciano con la mirada atrapada
    en el cuenco de sus manos;
    la inmensidad de la bahía despojada de barcas;
    la infinitud de la marisma serena.

He visto cómo el ingenio transforma el miedo
en sensaciones que liberan.
He sentido las caras encaladas de responsabilidad.
He conseguido hacer invisibles
las paredes que nos atrapan.
Y cómo lanzar al aire la rabia contenida
en forma de aplausos a necesarios héroes.

De vuelta a mi rincón he penetrado otros muros
—para ir a parajes inusitados—
a los que la lectura transporta,
me he enredado con el lenguaje
para en figuradas fantasías
huir del trato infantil de la desinformación.
He conciliado temores y rabia,
domesticado la ira por la expropiación de libertades.

La música con su lenguaje universal
ha sido quien ha acudido a mi rescate,
envolviendo en seda esta cárcel de plata.

SIN PERMISO

Sin permiso accediste a las bambalinas
de un teatro imaginado,
simulaste pertenecer a su elenco
sin tener papel asignado en el reparto.
De puntillas invadiste vestíbulos,
ahora ya reservados,
armado de febriles instintos
y la vanidad de creerte único.

Seguro de conocerme,
osaste descifrar un idioma nuevo entre mis labios,
obviando la debilidad de los hilos que enhebran
jirones de un amor no correspondido.
Lo que nos unió quedó en el regazo del ayer.
Entramaste invisibles heridas,
con mi fragilidad jugaste tu partida
obligándome al enroque.
Me corresponde desmontar el decorado
de esta mal llamada obra de teatro
a la que hoy pretendes de nuevo acceder.
Vanidades, un mal inacabado.

ATRAPADO

Atrapado quedo
dirimiendo la diferencia entre lo banal y lo esencial.
Itinero en la coherencia de mis palabras
para hallar en ellas el fundamento de su uso.

Huyo ante la amenazante mediocridad
que envuelve la sencillez
en inaccesibles criptas,
dejando que el hambre de los egos
evidencie opacas vanidades.

Subordino mi discurso
a la trascendencia de su necesidad,
frente a la fingida impostura
de sentirse imprescindible en el vacío.
Sigo a la búsqueda del valor lúdico del silencio.

FUEGO INTERNO

Me pides que me calme
que sacie mi desbordante incontinencia
que sofoque el volcán que yace en mí
que claudique este discurso temerario.

¡Tú me lo pides!
Crees que debilita mi hermosura
que la norma no digiere este vertical lenguaje.
Antepones mi fachada a mi todo.

Aún no sabes que el fuego que me habita
fagocita mis entrañas cuando callo.
Si no es miel cuanto mi piel percibe,
por qué un lenguaje horizontal.
Cuánto duele.

Mi lenguaje no es más que un estilete
al servicio de mi mente y una causa.
Es mi escudo, mi defensa,
no puedo estar callada si mi interior arde.

¿Tú me lo pides?

Tú, que dices que me amas.
¿Qué parte de mi edificio deseas,
en qué parte de mí habitas,
y qué otras cosas te inflaman?

De negro

Lo menos frecuente en este mundo es vivir.
La mayoría de la gente existe, eso es todo.
O. Wilde

He transitado el oscuro bosque de asfalto
que cobija las diluidas sombras
de un río humano que brota sin sentido.
Levitan por las aceras, inmersos
en historias de reiterada ignorancia,
con un manto gris que todo lo tapa.

En la acera, reclinado, un indigente
observa cómo la vida los atrapa y afirma:

«¡Míralos!
¡Solo son reflejos
de una selva de insatisfacciones!».

¡QUÉ LEJOS!

Un laberinto inconexo de palabras
frágiles al desconsuelo
se apelmazan entre mis labios
sin poder pronunciarlas.

No fluyen al ritmo deseado,
no responden a la cadencia que demanda el tiempo,
ni a los fríos impuestos por la ausencia,
ni al desaliento que la distancia imprime.

Anudadas las palabras, tan solo quedan los gestos.
Sin intérprete, los surtidores de mis emociones
buscan refugio en oscuras cavernas.
También se fugó la incandescencia
que nos irradiaba por la mirilla del cielo.
Lo provocó una mirada eclipsada,
desdibujada de amante en el teatro de la vida.

No es tanta la distancia;
sin embargo, qué lejos nos tenemos.

TOC, TOC

Abierta permanece la ventana, como te gustaba,
día y noche, abierta a merced del aire
que suave mueve sus hojas.
Los visillos volteados se asoman, te acompañan.

Su golpeo reiterado sobre el bastidor,
como velero en rumbo aciago, las entrega a la brisa.
En un vacío que no es calma,
me refugio en la soledad de la habitación
y velo tu ausencia.

Cada noche recojo de los tejados reflejos tuyos
que la luna intrusa me acerca.
Al asomar el alba, mis miedos acechan
al ver cómo sus luces te llevan.
La penumbra me corona,
muda mi piel de miel a cera.
Un reverso en mi interior reafirma tu pérdida.
La acepto.
Cuanto más te alejas, más cerca de ti me siento.

La ventana permanecerá abierta.
Es preciso que las paredes que te acogieron
no aniden falsas esperas,
no se trata de una fuga en una tarde incierta,
sino de un destino errado.

De la travesía de una estepa sobria
helados los vínculos que exigen compartir la mesa.

Al atardecer, cuando se hinchen las velas,
cuando su toc, toc evoque tu presencia,
allí estaré esperando, ya sin recelos ni alertas.

Lucirán los tejados lirios blancos de otras lunas llenas.
La mar se encenderá sin rastro de brega.
Quietas, muy quietas permanecerán para siempre
en mi océano tu nave y sus velas.

Ya me voy reencontrando.

ESTE CUERPO

Bajo el dintel de décadas vencidas
este cuerpo ya solo se muestra de oficio.
Luce en la piel abundantes pliegues
—fuelles del hastío— y ausencia de tersura.

La memoria erosionada,
esculpidas huellas de elaborada talla,
amalgama de pensamientos en permanentes desafíos.
No fluye.
Discontinua es la corriente.

Este cuerpo discordante
navega en aguas imprevisibles.
Marinero preso de vientos ululantes,
patrón de navío de escasos rumbos
desea conciliar ausencias y sextante
para seguir comandando su destino.

DESENCANTO

No elegimos el momento en que la fortuna
nos asoma al filo de los desencantos.
Fascinados caemos ante el sutil gesto
que una caída de párpados nos sugiere,
eclipse anclado en el rostro,
halo de penumbra o reflejo de letargo.

No hay día ni hora determinados
para que se nos seque el paladar
o queden sellados los labios,
si no desciframos los surcos cavilosos de la frente,
ni interpretamos cada pliegue
que sus labios expresan.

Es preciso detectar qué hay en una torva mirada
y cuánto de lo percibido
prenden las pavesas que incendian el ánimo.
Todo es preciso,
antes que los desvelos te asolen
y brote en ti la melancolía.

LAS MIESES DE MI ALMA

Me he sentido espiga desnortada
en yermos páramos,
he sentido la sed como estandarte
doblegando mi tallo y capa.

He buscado en torrentes del subsuelo
el sustento que mis raíces regara,
ofrenda hice de mi estirpe
creyendo que hallaría una esperanza.

Pude errar en mi credo,
mas nunca en mi obcecada entrega
y solo hallé en la noche un lobo
que devora las mieses de mi alma.

PEAJES NO, GRACIAS

Aquella mañana abandoné con sigilo el lecho,
pretendía acudir temprano a la cita.
No quise despertarlo.
La noche rubricó algo que había quedado en suspenso
y afortunadamente
supimos encontrar el punto y seguido.
Con afinada pluma escribimos en nuestra piel
el relato del encuentro
y colgados de la fantasía hicimos retales los deseos.

Aquel casting era mi última oportunidad,
había desempolvado mi instinto.
Algo que creí marchito, ser artista,
florecía de nuevo en mi interior.
Como novicia exultante, tras tantos reveses,
acogí aquel ramillete de ilusiones como una revelación.

Todo parecía discurrir con normalidad:
la entrevista, mi disponibilidad, las fotos.
Fluían mis deseos por cauces desbocados,
mis pulsos desbordados me susurraban: «¡Esta vez sí!».

Afloraron propuestas desenfocadas
que me trasladan a la fragilidad
que inocula la decepción.
El letargo me atrapa, una vez más.

Mis ilusiones sometidas al imperativo.
Arde mi interior, sin claudicar aún,
siento mis sueños mustios.

Respiré profundamente, me costó tragar saliva.
Acomodé mi desengaño, metí en el bolso la cólera
para tirar de estilo
y salir sin más excusas que decir:
«¡Busco trabajo!
¡Sexo, ya lo tengo!».

III. Calma chicha

*Nado entre brumas en esta encalmada marea
donde el aire no acerca tus ecos.*

ALGO QUEDARÁ

Cuando un universo alado nos sobrevuele
y el ocaso con su tul nos vista de mayores,
cuando nuestras torpezas de apariencia senil
alejen la vitalidad del junco que un día lucimos
y el viento ya no la agite,

      para entonces los erguidos girasoles
      marchitos y sumisos saludarán
      a la escarcha de los fríos del oeste
      y avistaremos el invierno
      que ensimismado se quedará en nosotros.

Ya no lucirán otras primaveras,
      aunque bajo nuestros pies broten
            tiernos tallos de nueva siembra.
                Algo de nosotros quedará.

A PESAR DE TODO

Cuando asoman epidemias
urgimos garantías de futuro inacabado,
entre recelos —que solapan nuestras incongruencias—
cuando con los dedos de la mano
tejemos débiles nexos.

¿No es acaso una epidemia la soledad
que nos viene devastando?
Enjambre de ignorancia entre humanos.
Paso a paso, la urbe camina ajena.

Dónde quedó la visita,
la tertulia en aceras derramadas,
rotos los tiempos y las esperas
codo con codo, vecinos casi hermanos.

Tened piedad de la tristeza
que anida en los aleros de las casas,
borrosos hilos penden de sus almenas.
Cuelgan ya demasiadas agonías de ausencias.
Muchas son las memorias distraídas.

NADA NOS ATA

Sales de casa con paso firme
sin más explicaciones ni rumbo,
tan solo cierras los puños, señal de continencia.

Has dejado tu estela en el aire,
anclada permanezco en ella
al igual que un códice que no interpreto,
tu conducta tan solo me transporta a lugares
en los que no me hallo.

Te sigo con la mirada fija,
aprieto mis manos hasta que los estiletes de mis uñas
penetran mis palmas.
Te alejas.
En tu espalda imagino los surcos del mapa
que en ella dibujaron mis dedos,
jirones de pasión tatuadas a fuego,
mientras mis labios suturaban tus hombros.

Mas ya no me visitan los vértigos que sentía
cuando te ausentabas.

Creía descender a los infiernos como novicia sin fe.
Nada en ti entendí, nunca interpreté tu verbo.

Atrapada en el espejo
mi silueta acudió en mi auxilio,
pude reconocerme.
Hoy no desfalleceré,
tengo las respuestas para mi ánimo
ni me atrapará la maraña de tus preguntas
huérfanas de respuestas.
No te velaré en duelo de puertas abiertas,
igual crees que el camino que emprendiste
tiene retorno.

Confirmo mis certezas,
renovaré el mobiliario en el que alojamos
esta experiencia,
un nuevo aroma velará mi estancia
y no dejaré estantes que alojen miserias.

Ya nada nos ata.

LA FOTOGRAFÍA

En la infinita belleza de tu mirada
—anclado en la fijación de tu pupila—
que oculta más que revela,
detectó un misterio impenetrable
que trasciende la instantánea
y desborda la sensibilidad de las palabras.

Es el arte de parar la historia
retener el aquí y el ahora
para indagar en el mutismo de la secuencia
que, como semilla en el tiempo,
dejará aflorar cuanto encierras.

La fotografía es un arte,
—un arte de presente—
no es un signo, sino la realidad objetiva misma
en auxilio inmediato de la palabra.
Es tu esencia, un instante atrapado,
testimonio superior de una realidad
sin el filtro de la palabra
que aloja insondables misterios.

Es el dardo en el centro de la diana,
dotado de una función indicativa
que desvela sellados interrogantes
lejos del mero espejismo hegeliano.

SÍSMICA INQUIETUD

Sin ser a menudo,
hay días en los que no me encuentro,
vibra en mi interior una sísmica inquietud
que sin ser real no esboza buenos presagios.

Siento que la abnegación de unas décadas
de entrega sin límites,
hasta dejar de ser yo para ser ellos,
se ha precipitado al vacío.

Busco el norte, mi norte,
lo busco en sus distraídas miradas,
siento que languidecen ausentes,
otras desnortadas, desnudas,
ante los fríos que imponen los tiempos de orfandad.

Este huésped ingrato,
que anida en las raíces de mis cimientos,
solo busca cobijo en momentos de fatiga.

Preciso sobreponerme,
que sus ojos sean brújula de mi finitud
y su incandescencia me alivie,
para que me lleve por rumbos
que ahoguen esos presagios.

Apaga la luz

He cerrado la puerta
y te he dejado encendida la luz.
No me llevo ningún recuerdo,
lo he dejado todo como cada día.

Todo eso te digo en mi nota.
Te ruego que no me sigas
ni me envíes promesas de otros vuelos.
No soportarías la velocidad
ni el vértigo que mi vida reclama.

Si lo que te digo te enfada,
tienes a mano la vajilla.
Desfoga tu ira, si te apetece. No te contengas.
Vocifera, reniega, blasfema…
Si haces ruido, será que destilas dolor.

No es tu abandono lo que más duele
ni tan siquiera tu estilo de vida.
Mi dolor es haberme sentido invisible.

Me marché, lo dejé todo como solía hacer cada día.
Experimento convivir con mi calma,
la que obtuve en cada esquina de tu desgana.
Procuro crecer alejada de guaridas.

Cuando salgas, supongo lo harás,
¡por favor, apaga la luz!
La dejé encendida para que vieras mi nota.
Aún está a mi nombre la factura.

La calma del lirio

Un clic del interruptor
sobre un meloso «¡hasta mañana!».
Es cuanto recuerdo.
Después le siguió el siniestro chirriar
de las bisagras al cerrar la puerta.

En este espejismo me hallo.
Sin sofocantes calores
ni desiertos que nublen la visión
de lo que podría ser nuestro epitafio.

No mediaron blasones ni banderas,
ni fratricidas guerras dialécticas que dejen muertos,
aunque sí manchas de sangre.

Te diluiste como azucarillo en ardiente café
abrasando los resortes de mi intelecto.
No puedo mirarme, no me encuentro.
Siento que te escurres entre mis dedos
como una cuerda de arena.

Arrullo en el cuenco de las manos
un vacío enajenado de cuanto fuimos.
Quisiera huir,
ponerme lejos de mi alcance,
no sentir el pulso desbocado en mi almohada

extinguirme como nubes en la sombra del viento
o diluirme como pétalos de hielo.

Y regresar sólo cuando vea reflejos
de quien verdaderamente soy.
Cuando alcance la calma del lirio,
cuando recupere la vitalidad del pájaro
y pueda entonar mi propio trino sin ahogos.

No deseo vuelos sin rumbos,
ni huérfanas esperas.

DE VISITA

Mientras transito la antesala de la soledad,
he podido, en sus diversas estancias,
visitar a mi yo, el que soy y el que fui.

Ese yo complaciente, de abnegadas filias,
anclado en lo vital, trascendido en el tiempo.
He podido ver también el que me urge consistencia,
férrea imagen revela y asiste en experiencias delicadas.

Ambos, uno y otro, mis yos,
muestran tal cual soy, descosen mis costuras,
que desnudas reposan en mi lecho
—capilla de expresas confidencias—
sus afecciones.

Allí, conocedores de mis insondables afectos,
sus escarchados flujos consumen mi pasión.
Emergen rubores en mis mejillas
y salobres hilillos humedecen la almohada.

Hoy me vino a visitar.

SEGUIR PERDIDO

Cobíjame bajo los aleros de tu alma,
de ellos quiero arrancar mis desatinos,
penetrar en tu mundo a través del tragaluz.
El estío por el que transito me envuelve
y sin ti no avanzo.
Sigo siendo un hombre perdido.

Quiero que aniden en ellos la esperanza,
también los besos que se resisten a morir,
avivar la hoguera —hoy fortaleza de hielo—
que hace infranqueable tu acceso.

Ayúdame a mostrarte la limpieza de mi mirada,
aliviar la hiel que mis labios profirieron,
encerrar en profundas simas mis temores,
la finura de mi piel ya saneada.

Ayúdame a construir una nueva casa
a sofocar las ascuas
que prendieron aireados conflictos,

despojarnos de la percha del reproche
donde colgábamos tus ausencias y mis silencios,
que nos arrebataron el sentido.

¡Ayúdame! No quiero seguir perdido.

HÉROES

He cruzado las calles
sin percibir la existencia de héroes.
Solo he visto rostros multiformes
que llevaban ancladas las huellas de un relato,
otros con extraños confidentes en sus ojos
y en sus andares.

No reconozco héroes sin dolor,
sin guiños a la esperanza de un mañana,
solidarios con el sentir ajeno
y cómplices de su épica.

Mas sí he podido ver complacientes héroes
sobre efímeras peanas,
sometidos a tenebrosos aires
que insuflan altivas prestancias.

El tiempo los dejará en evidencia
y desvelará cuanto ocultaban
tras siniestros biombos de vanidad.

ATENUADO

Me reconforta
ver atenuado mi interior,
el ímpetu sometido a la experiencia,
la disonancia modulada por la inflexión del tiempo
y mi utopía en maridaje con la realidad.

Me reconforta
ver mi espíritu en equilibrio basculante,
girar a reflexivo desde lo indómito
tras los implacables guiños
que ofrece el contrapunto del destino.

Cuánto de aquel intérprete de vodevil
pisa las tablas de mi actual escena.

IV. Aires de bonanza

*Qué importa cuáles sean las dificultades
si albergamos aires nuevos de esperanza.*

LA OTRA ORILLA

Puedo felicitarme.
Hoy he alcanzado la fortaleza
que sentirse libre ofrece,
cuando te despojas de las manos
que te aferran e impiden
deshojes tu destino.

Atrás dejé abrazos fingidos,
exhortos que nunca te abandonan,
lacerantes halagos y tutelas
que hacen languidecer las luces
y opacan horizontes.

Por fin, alcancé la otra orilla.

En el límite de tu mirada

La mayor parte de lo malo del autismo
proviene de cómo lo percibimos.
R. Jordan

En la sombra del vestíbulo donde habitas,
en tu esquiva mirada,
en tu diluido conversar,
desde la cercanía que infinita hace la distancia,
entre las bambalinas inconexas
del teatro de otra vida.

En tu ausencia, creces, sientes…

Y yo, supuesto valedor de infinitos límites,
sin pasaporte que me permita traspasar la frontera
donde lo común no sea desorbitado,
donde lo frágil sea invisible,
donde tu contacto dicte mi pulso,
donde lo real eclipse tan inconexo mundo,

quiero que abandones la impenetrable
coreografía de ese universo de profundo azul.
¿Dónde puedo reclamarlo?

ENTRE LÍNEAS

Qué me incita mirar estas páginas.
Qué búsqueda me lleva.
Esta inquietud es algo que no contengo
es un vértigo que me arrastra,
intuyo que en sus claros no hay silencios.

Qué dejaste por escribir.
Cuánto hay suspendido en esas líneas,
qué dirán los trazos omitidos
de un ayer inconcluso o un mañana incierto.

Cuánto hay de oculto en ellas,
por qué tan solo una rúbrica y un beso,
en el carmín de los labios estampados
mi razón amenazada siento.

Deseo interpretar la cadencia de tus blancos,
acceder al contendido de ese discurso etéreo.
La ausencia de unos simples trazos
resaltan la profundidad de los silencios.

Mortifica no saber por qué mudó tu pluma,
por qué abandonaste los negros.
Nunca tan poco dijo tanto.
Suspendido en el aire dejaste algo más que lo terreno.

LIBRE DE IMPUREZAS

No cederé el paso al nuevo día
sin que la piel de la noche me libere
del turbio imposible de tenerte.
Cuando asome el alba,
quiero estar libre de impurezas
para percibir el resplandor de tus ojos,
aunque en sus cuencas
queden esclavos mis deseos.

SIN RENCOR

Una mirada atrás me recuerda
el barrido que hace el viento.
Sin reparos por lo que pudiera dejar,
busco para mis pasos otras direcciones.

Debía borrar todo, así me repetías,
ese sería un buen comienzo.
Yo, obediente enamorada de pasos desnortados
por un amor irredento, así lo hice.

Olvidé cuando me acariciabas,
tus escurridizos besos,
mas no pude borrar, ya no existían,
tus sonrisas y tus juegos.
Mi desnudez, ignorada hace tiempo,
tu refugio en mi seno,
y así, poco a poco, aplicada
fui dejando atrás tu universo.

Hoy, casi renovada, demandas empezar de cero,
y me pregunto en qué tiempo te presiento.

Sin presente,
el futuro junto a ti no lo espero,
el pasado lo conozco, lo detesto.

Fundido quedó todo en la forja de tus hielos.
No prende en el hielo la llama,
maestro en desencantos
y aprendiz de sentimientos.

MIS TACONES

De regreso a casa me libero.
Bajo la fina lluvia solo el ruido de mis tacones
me acompaña.
Potencia mi soledad entre las sombras
y me recuerda que nadie me espera.

No termino de acostumbrarme
a vivir en la antesala de afiladas noches,
asaltada por dragones de abyectas miradas
que proyectan en los hielos de sus combinados
sus vidas insatisfechas.

Intento escapar de este lugar
de opacas ventanas y atmósfera insoportable,
donde la penumbra inmortaliza el tiempo.
Solo parece existir el presente,
en tanto los visitantes agitan en sus copas
fragmentos craquelados de sus historias.

Si el día escapa entre mis manos,
aunque agridulce se diluye en mi boca,
la noche me provoca profundo amargor
por su desfile a paso lento
bajo cansinos compases de baladas
y se asemeja vivirla dos veces.

Ansío volver al adormecido asfalto de la madrugada,
al repique agudo de mis tacones en las aceras,
mientras la libertad y la soledad
del brazo me devuelven a casa.

AHORA O NUNCA

Si lo has de hacer,
mejor ahora o nunca.
No germinan las semillas estériles
en frondosos campos de labor.

No seas rehén en cárcel ajena
sin afligirte, reafírmate,
consolida tu determinación.
No olvides que mañana no calentarán las sábanas
cuerpos inertes del ayer.

Decide, mejor ahora.
El horizonte de mis primaveras divisa el ocaso,
no hay refugio
a cuantos aplazamientos me demandas.
Consuma tu fe en mí.
Apaga la luz del silo que mi vientre aloja,
o no busques calor en mi almohada.

MUDÉ MI PLUMAJE

Inerte me abandono
en vuelos de planeos sostenidos.
Como ave inquieta que doblega el vacío,
salgo a mi encuentro
tan solo con el ajuar de mi relato
en los oídos.

Necesito hallar el contrapunto,
mudar mis plumas negras
por un plumaje más florido
y sin vértigo volar,
sostenido en el murmullo del viento.

En la ingravidez más profunda
descifré sus trinos, en su melodía,
pude interpretar cuanto necesitaba
para dar sentido a mis temores.

FUERA DE MÍ

Me he situado fuera de mí.
Era preciso alejarme,
usar ese otro prisma
que tan solo la distancia dota
para en casos de extrema exigencia
ofrecer otros perfiles más benignos.
Necesitaba hallar un reflejo más real
de cuanto me acontece.

He podido divisar un futuro
que no alcanzaba ver desde mi interior,
sin la necesidad de abandonarme
ni arrojarme al vacío de no ser.
He podido acudir en mi auxilio,
apartar abyectas sendas
que nadie recorre, salvo en su propio eclipse.

Deshojada la complacencia,
he rechazado mensajes cifrados de lenguas apagadas,
he dejado de ser quien se espera
para ser quien creo
y he mudado la piel como los enamorados.

COPISTA DE TU BELLEZA

He desandado el crepúsculo de nuestra ira
he pisado cada una de sus huellas,
he oído el silencio de las lilas,
que doblegadas en el camino
permanecían afligidas en tu ausencia.

Su aleteo he sentido en mi estómago,
el que lucían cuando estabas plena.
Más tarde los almendros de nata
licuaron sus pétalos
al divisar el frío de nuestro invierno.

Y yo, copista de tu belleza,
en las gélidas noches de insomnio
con el pretexto de aquel insondable silencio
quise resucitar su aleteo.

DIFUSOS REFLEJOS

En estos momentos,
en que el mundo parece detenerse
y las miradas convergen al interior
como reflejo en un espejo,

detecto que aquella timidez,
que me dotaba de la fragilidad del lirio,
aún me sigue tras cada esquina los días pares
y los impares disimula como fantasma en mi despensa.

Cuando te crees listo para emprender el vuelo,
ves que la verticalidad de tus criterios
hace inviable sus sombras.

Entonces sientes que tu cara es tu espalda.
Cuanto más crees aproximarte, más te alejas,
y solo hayas de ti reflejos difusos
en el espejo de la inseguridad.

HORA DE SER

Junto al río de nuevo.
Cuando vuelvas a recorrer su ribera
y las orilladas violetas se fijen en ti,
no sentirás más que la ingravidez de tus pasos
de un ayer aterciopelado que no te envuelve,
entonces alcanzarás a entender
que es el momento de ser.

Él, tu ser, estuvo en tu ausencia
cuando paseabas de la mano del tener
diluido en un océano de insatisfacciones,
sin dejar más rastro
que un reflejo incompleto de quien eres.

MUY CORTO TIEMPO

Apenas es precisa una mínima fracción
del inexorable discurrir del tiempo,
tan solo la determinación
de quien aprecia la evidencia
sin aferrarse a la sinrazón,
o que tal vez fuese un descuido.

No hay cabida a la opaca negación.
Solo un segundo lleva decir «no».

Qué es lo que no has entendido.

EL VALOR DE LAS SOMBRAS

Es posible que al despertar te habiten las sombras.
No es un don de la noche o de la oscuridad.
Su profundidad no es tan sórdida
depende de la mirada que la penetre
ella será quien ponga la intensidad en sus grises.

Solo tú debes poner los tonos
que la paleta de tu ánimo soporte.
Puede incluso que le hables con voz exasperante
y clausures cuanto esconde tu memoria.
No alimentes historias pasadas.

Te preguntarás cuánto de lo que ves aún provoca,
qué evocas al asomarte al desfigurado ayer,
o cuántos de los desiertos atravesados
ponen aún la sed en tus labios.
Tendrás que seguir poniéndole color,
si quieres que su densidad se difumine
y su espesura no te atrape.
Puede que el viento que las arrastre te susurre
y en él reconozcas su voz.

Mas no hagas fuego de simples ascuas,
no alimentes la fragua con negros vientos,
ni sometas a tortura tu desánimo.
A veces, cosemos nuestra piel
con pespuntes de infinitud.

SIN ESPERAS

Desde el muelle, ya sin mi soledad.
En cada reflejo de esta mar adormecida,
de mirada profunda,
instigadora de mis rumbos,
estás tú.

Te veo en ella.
Resurjo al venir a tu encuentro ya sin esperas,
tras el sigilo de tus pasos perdidos,
con mi realidad forjada
y las penas alojadas en el olvido.

La brisa me alivia,
su cálida melodía soporta tu estela
despojadas las huellas de dolor al fin.
Me envuelvo en los púrpuras del yacente sol.
Cegada, me ayudan a postrar mi soledad
en estos fingidos encuentros en atardeceres
de calladas confidencias
que ofrecen horizontes de calma.

Escrito en el techo

Cuántas veces hemos escrito en el techo
relatos de un ideal imaginado,
que la febril fantasía nos ha ido dictando
a través de profundos e inacabados sueños.

La inquietud volátil de la noche grabó
invitada por escurridizas visiones
de un ignorado mundo
fuera de tan oníricos anhelos.

Al despertar, cuántos de sus trazos quedaron.

Nada hace de este lienzo una obra acabada.
No alcanza continuidad que engendre en él
más que una cascada inconexa de sucedidos,
capaz de parir extrañas confidencias
en las que únicamente hemos sido
partícipes imaginarios.

EL SISEO DEL VIENTO

Este viento,
que en mi seno adormece los presagios,
liviano me traslada a la desnudez de la noche.
El siseo en las copas arrulla el páramo
de mis inconexos recuerdos.

Qué lejos me lleva este aire.
Incesante me arrastra al olvido marchito.
Desnudas, en su gris palidez,
las débiles ascuas resisten
el agotamiento de pasados fuegos.

Me protejo de su tacto,
su abrazo aviva mi fragilidad.
El semblante gélido que me trae
es una muestra inquietante de tu pétrea fortaleza,
en la que me siento como un maniquí
asomado a un derribo.

Su propio reflejo

A mi madre

Bajo el firme control del reloj,
que majestuoso preside su calle,
cada tarde aparento verla.
Luce como de costumbre, impecable.
En mis oídos vislumbro un susurro de bienvenida,
anticipo los chispeantes candiles de sus ojos,
que irradian infinito amor.

Atraparla entre mis brazos
más que un deseo es una ilusión
una realidad negada.
Sus vuelos son de otros cielos,
solo su estela queda intacta.
Me consuela.

Acuden a mis oídos relatos ficcionados
—dispersa inmersión en tinieblas—
que sostienen filiales miedos
escamoteados bajo densa bruma.
Brotes de filiales instintos
atan resortes de protección.

Entre los pliegues de lucidez emerge
—en reiterada fugacidad— su otro yo,
que juega con la relatividad del tiempo,
para extraviarse en las sombras
de su propio reflejo.

La frontera del silencio

No dejes que las circunstancias te guíen,
que sean ellas quienes tu discurrir gobiernen,
rompe la creencia que hace del ruido
el adalid del divertimento.
No es cierto.
No exaltes sus ritmos frenéticos.

El silencio se asocia a lo negativo,
remueve lo oscuro y descorre los velos
de nuestros miedos.
Reflexiona, toma el mando.
Pensadores y místicos alcanzaron en él
la plenitud de sus criterios.

El silencio estimula, marca el ritmo y el tempo,
genera un conflicto interno.
A severa plasticidad somete al intelecto,
navega sus circuitos más extremos,
sacude lo más recóndito en tus adentros.

Es una explosión química
que aviva el talento y eleva la calma,
nos transporta, viajamos estando quietos.
Su poder es terapéutico.

Desvela sensaciones, los colores, los sonidos…
hasta los pulsos del ánimo quieren escapar
bajo la piel de nuestro cuerpo.
Oírnos es algo mágico, nace del recogimiento.
Tan solo cuando el silencio te abraza
consigues acercarte a tu ser más honesto.

MÁS BORROSA[1]

Cuando te miras
y el confidente espejo
te niega el reflejo que tu alma ansía,
emerge un silencio oscuro en tu frente,
túmulo de agonía interior.

Cuando el persistente frío del hogar
renuncia a ver
que tras la sutil tersura de una piel ajena
se anuncia una crisálida frágil y temerosa
—como caracola de blancos desconchados—,
afligido, te enredas en lienzos de desesperanza.

Mas cuando la negada realidad
es como una mortaja de viento azul
y su contundencia no ceja, te abruma, te amilana,
quítate las gafas;
al menos, la verás más borrosa.

---

[1] Basado en un hecho real relatado en los medios.

POLVAREDA

Cuando esta polvareda de inseguridades
comience a asentarse,
¿quién nos sostendrá?

Cuando la desconfianza quede arrodillada
y tras las miradas cotejes, por fin, una sonrisa,
¿quién la sostendrá?

Cuando esta rueda desdentada vuelva a girar
y trate de hacer posible la circularidad
para ir de lo global a lo particular,
¿quién sellará las fisuras sociales
de cuantos se quedaron atrás?

Quién, cuándo, cómo…

Sobre la cama

A cuantos lo hicieron posible

De regreso, abro la puerta,
temerosa de mi soledad;
trato de desdibujarme bajo la ducha
con el deseo imposible de mudar la piel
y arrancar la incertidumbre de mis pensamientos.
Un día más, agotada, me reclino sobre la cama
con los ojos desorbitados anclados en sórdidas miradas.
La pesadez se apodera de mí y me libera
como preso sin cadenas.

Por un momento me siento afortunada,
he conseguido huir de mí misma,
he trascendido mi realidad, aunque solo unos minutos.
El sueño me esquiva, mi mente queda atrapada
en un laberinto de historias rotas,
que, como cometa en el aire, guiada por débil cuerda,
frágil revolotea a merced de negros vientos
que auguran mortajas.
Un ahogo incapacitante presiona mi pecho,
decidir blanco o negro, como juego macabro,
me ocupa.

Pretendo escapar, pero me asaltan las dudas
y, como fieras, me devuelven
frente a las camas de cuerpos ausentes
que no se revelan.
De nuevo en vela, sudorosa y agitada,
asomada al abismo de mi equilibrio y temerosa
de que me visite este fantasma,
aunque no se ve, está y se siente,
y seguir siendo útil a mi profesión, a los míos.

Un día más y van…
sin poder traspasar el umbral de mi casa,
sin ver ni abrazar a mis padres, a mis hijos.
De entre las sábanas
recojo las piezas que van quedando de mí
y de nuevo a la ducha.
Un día más de tensión y esperanza.
Mientras el agua restituye mi cuerpo, me pregunto:
«Cuando esto pase, ¿volveré a trabajar?
¿Azotará mi consistencia?».
Recojo las gafas, las llaves y el bolso, mientras pienso:
«¡Deseo que todo sea un sueño!».

PANÓPTICO

La experiencia, contemplativa metáfora,
me invita a suponer que desde esta dimensión
suficientemente elevada,
puedo tomar conciencia de la relación
de cada elemento de nuestra vida.

Entender cómo de interconectados se encuentran.

Mas alcanzo a concluir
que encontrar —en sí mismo—
no es más que un desencuentro,
y tal vez la calma que confiere al intelecto
no sea proporcional
a lo que la vista y el corazón dicta
para la felicidad que el ser humano reclama.

F.M. Radio

Pretendía esquivar aquello que le atenazaba,
era preciso encontrar una vía de escape
al cielo que las ondas ofrecían.

Volar sobre las antenas de aquella colmena
le haría sentirse libre.
Confió sus vuelos a la emisora,
era preciso alejarse de sí unas millas.

La música la elevó por circuitos de satisfacción
que no le eran extraños.
Sones de tango y milongas arrastraron sus pasos
por el pasillo hasta el espejo del fondo.
¡Escasos fueron los vuelos!

Imperativos del mercado interrumpieron la sintonía.
La publicidad se apropió del paso del tiempo:
colágeno, hialurónico, antioxidantes, omegas…
hacían promesas de convertir en secreto
las huellas de la edad.

Un grito desgarrador salió de sus turgentes labios:
«¡No puedo más!».

Cambió el dial;
precisaba recuperar aquel refugio.

Lo encontró en los arrullos de la voz
de Robbie Williams y su magnética «Feel».

Navegó en los ritmos de su fantasía,
se entregó con firmeza,
no se dejaría invadir por el pesimismo.
En sereno ritual, suspendida en etéreos compases,
fue a parar hasta el confidente espejo
que se apropió de su silueta.

Atrapada en él, exhaló: «¡No estoy nada mal!».

SIN RUMBO

A ritmo monocorde.
Como una guitarra con una sola cuerda,
discordante, abatida.
Envuelta en morado traje de duelo,
augurio de quiebra y ruptura exasperante,
así camina mi patria.

Apenas le cubren los pies las enaguas,
desnuda su cintura y su espalda,
rasgada su curtida piel
y aparentemente descalza.
Qué corta le queda a mi España
la falda de su joven democracia.

Agradecimientos

A mis compañeros de la Tertulia Río Arillo por su acogida, en especial a Juan Mena por irradiar su infinita luz, a Adelaida Bordés por sus consejos y a Ramón Luque por su permanente ánimo y su colaboración en cada proyecto.

A la tertulia «Puerta Abierta a la Imaginación» por su calidez, estímulo e implicación. A cuantos amigos le vienen dando vida a pesar de las circunstancias y, en especial, a Lola y Paco, almas de la misma.

A Claudia Capel, escritora, poeta y gestora cultural, por sus consejos a través de sus talleres de Ars Poéticca.

Cómo no, a Matilde mi esposa, por su comprensión en cuantas iniciativas he ido acometiendo en nuestra andadura.

Índice

www.ingramcontent.com/pod-product-compliance
Lightning Source LLC
LaVergne TN
LVHW090157180726
843489LV00006B/2097